iskola - məktəp	2
utazás - səyəxət	5
közlekedés - transport	8
város - şəhər	10
táj - tirə-yün	14
étterem - restoran	17
szupermarket - supermarket	20
italok - eçemleklər	22
étel - azıq	23
gazdálkodás - çeftlek	27
ház - yort	31
nappali - qunaq bülməse	33
konyha - aş bülməse	35
fürdőszoba - yuınu bülməse	38
gyerekszoba - bala bülməse	42
ruházat - kiyem	44
iroda - ofis	49
gazdaság - iqtisad	51
foglalkozások - hönərlər	53
szerszámok - ələtlər	56
hangszerek - muzıka alətləre	57
állatkert - xaywan baqçası	59
sportok - sport törləre	62
tevékenységek - itkenleklər	63
család - ğailə	67
test - tən	68
kórház - xastaxanə	72
vészhelyzet - kiçektergesez xəl	76
föld - Cir	77
óra - səğət	79
hét - atna	80
év - yıl	81
alakzatok - şəkellər	83
színek - töslər	84
ellentétek - qapma-qarşılıqlar	85
számok - sannar	88
nyelvek - tellər	90
ki / mi / hogyan - kem / nərsə / niçek	91
hol - qayda	92

Impressum
Verlag: BABADADA GmbH, Nedderfeld 112 , 22529 Hamburg
Geschäftsführer / Verlagsleitung: Harald Hof
Druck: Books on Demand GmbH, In de Tarpen 42, 22848 Norderstedt

Imprint
Publisher: BABADADA GmbH, Nedderfeld 112 , 22529 Hamburg, Germany
Managing Director / Publishing direction: Harald Hof
Print: Books on Demand GmbH, In de Tarpen 42, 22848 Norderstedt

iskola
məktəp

- osztályterem / sıynıf bülməsi
- oszt bülü / taqta
- asztal / taqta
- tanár / uqıtuçı
- iskolaudvar / məktəp ixatası
- papír / kəğəz
- toll / qələm
- íróasztal / östəl
- írni / yazarğa
- vonalzó / sızğıç
- könyv / kitap
- tanuló / uquçı

iskolatáska
buqça

tolltartó
qələmdan

ceruza
qırandaş

ceruzahegyező
qələm oçlağıç

radír
betergeç

rajzfüzet
rəsem dəftəre

rajz
rəsem

ecset
pumala

festőkészlet
buyawlar tartması

olló
qayçı

ragasztó
cilem

munkafüzet
dəftər

házi feladat
öy eşe

szám
san

összead
quşu

kivon
alu

szoroz
tapqırlaw

számol
isəpləw

betű
xəref

ABC
əlifba

szó
süz

iskola - məktəp

szöveg
tekst

olvasni
uqırğa

kréta
aqbur

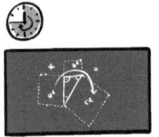
tanóra
dəres

napló
sıynıf jurnalı

vizsga
imtixan

bizonyítvány
sertifikat

iskolai egyenruha
məktəp forması

oktatás
məğərif

enciklopédia
ensiklopediyə

egyetem
universitə

mikroszkóp
mikroskop

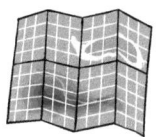
térkép
xarita

papír-hulladék gyűjtő
çüp qəğəz çiləge

iskola - məktəp

utazás
səyəxət

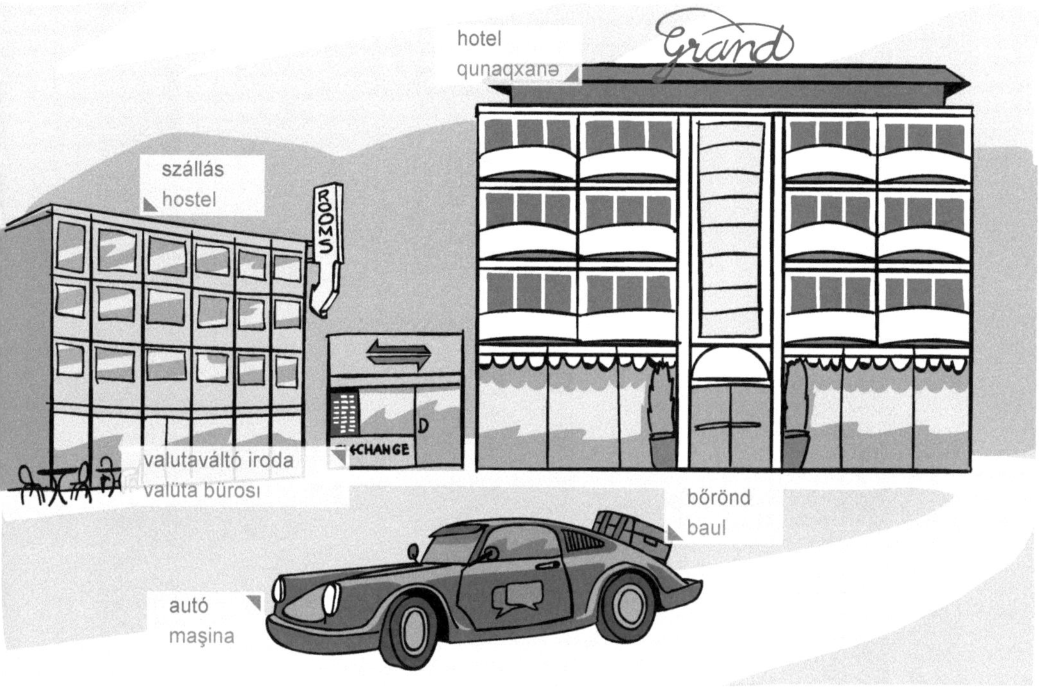

hotel
qunaqxanə
Grand
szállás
hostel
ROOMS
valutaváltó iroda
valüta bürosı
EXCHANGE
bőrönd
baul
autó
maşina

nyelv

tel

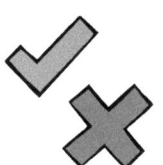

igen/nem

əye / yuq

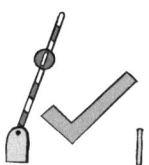

rendben

yarar

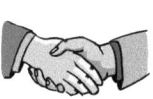

szia

isənmesez

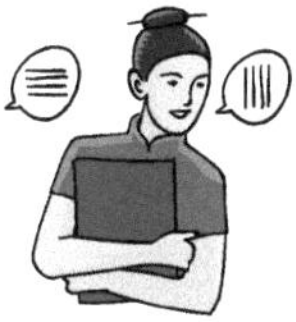

fordító

tərceməçe

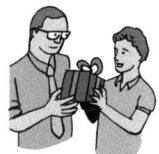

köszönöm

Rəxmət

mennyibe kerül…?
… küpme tora?

nem értem
min añlamıym

probléma
problem

Jó estét!
Xəyerle kiç!

jó reggelt!
Xəyerle irtə!

jó éjszakát!
Tınıç yoqı!

viszontlátásra
saw bulığız

útirány
yünəleş

poggyász
bagaj

táska
buqça

hátizsák
biştər

vendég
qunaq

szoba
bülmə

hálózsák
yoqı qapçığı

sátor
çatır

utazás - səyəxət

	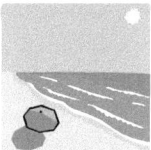	
turista információ	strand	hitelkártya
turist məğlüməte	qomsal	kredit kərte

reggeli	ebéd	vacsora
irtənge aş	töşlek	kiçke aş

jegy	lift	bélyeg
bilet	lift	marka

határ	vám	nagykövetség
çik	tamğaxanə	ilçelek

vízum	útlevél	
viza	pasport	

utazás - səyəxət

közlekedés
transport

repülőgép / oçqıç
hajó / kərap
tűzoltóautó / yanğın maşinası
tehergépkocsi / töyər
busz / awtobus
motorcsónak / motorlı köymə
autó / maşina
bicikli / səpid

komp
boram

csónak
köymə

motorkerékpár
motosiklet

rendőrautó
polisə maşinası

versenyautó
uzış maşinası

bérautó
kiralıq maşina

telekocsi	vontató	szemetes autó
karşering	tartuçı	çüp töyəre

motor	üzemanyag	benzinkút
motor	yağulıq	benzinlek

 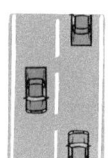 

közlekedési tábla	forgalom	forgalmi dugó
trafik bilgese	xərəkət	böke

 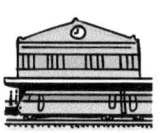 

parkoló	vonatállomás	sínek
parking	stansa	rəy

 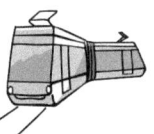 

vonat	villamos	vagon
trən	tramway	vagon

közlekedés - transport

helikopter
boralaq

repülőtér
hawa alanı

torony
manara

utas
yulçı

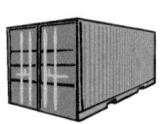
konténer
konteyner

kartondoboz
alap

taliga
yök arbası

kosár
səbət

felszáll / leszáll
qalqu / töşü

város
şəhər

falu
awıl

városközpont
şəhər üzəge

ház
yort

város - şəhər

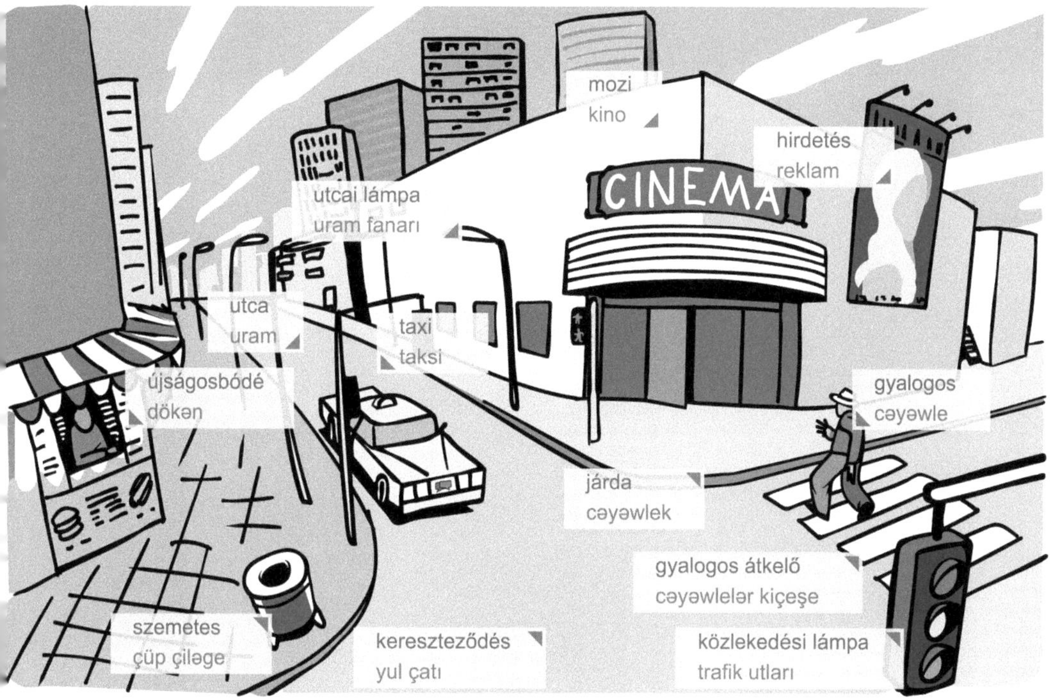

kunyhó
alaçıq

lakás
fatir

vonatállomás
stansa

városháza
şəhər xakimiyəte

múzeum
yədkərxanə

iskola
məktəp

város - şəhər

egyetem universitə	bank bank	kórház xastaxanə

hotel qunaqxanə	gyógyszertár daruxanə	iroda ofis

könyvesbolt kitap kibete	üzlet kibet	virágüzlet çəçək kibete

szupermarket supermarket	piac bazar	áruház zur kibet

halárus balıq kibete	bevásárló központ səwdə üzəge	kikötő liman

város - şəhər

park
park

pad
eskəmiyə

híd
küper

lépcső
basqıç

metró
metro

alagút
tunnel

buszmegálló
awtobus tuqtalışı

bár
bar

étterem
restoran

postaláda
yamıl tartması

utcatábla
uram bilgese

parkoló óra
parking sanağıçı

állatkert
xaywan baqçası

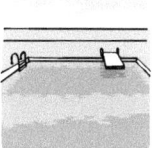
uszoda
xəwezxanə

mecset
məçet

város - şəhər

| gazdálkodás | környezetszennyezés | temető |
| çeftlek | kerlelek | zirat |

| templom | játszótér | szentély |
| çirkəw | uyın alanı | ğibädätxanä |

táj
tirə-yün

- levél / yafraq
- útjelző tábla / yul kürsətkeçe
- út / yul
- rét / bolın
- kő / taş
- fa / ağaç
- túrázó / yöreşçe
- folyó / yılğa
- fű / ülən
- virág / çəçək

völgy
üzən

domb
qalqulıq

tó
kül

erdő
urman

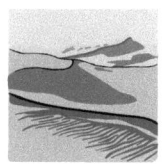

sivatag
çül

vulkán
yanartaw

kastély
nığıtma

szivárvány
salawat küpere

gomba
gömbə

pálmafa
palma

szúnyog
çerki

légy
çeben

hangya
qırmısqa

méhecske
bal qortı

pók
ürməküç

táj - tirə-yün

bogár qoñğız	béka baqa	mókus tiyen

sündisznó kerpe	nyúl quyan	bagoly yabalaq

madár qoş	hattyú aqqoş	vaddisznó qaban duñğızı

szarvas bolan	rénszarvas poşıy	gát tuan
	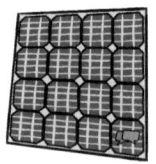	
szélturbina cir turbinı	napelem qoyaş panele	éghajlat iqlim

étterem
restoran

- pincér / tabınçı
- menü / saylaq
- szék / urındıq
- leves / aş
- pizza / pitsa
- evőeszköz / çəneçke-pıçaq taqımı
- terítő / aşyawlıq

előétel
qabımlıq

főétel
töp aşamlıq

desszert
tatlı

italok
eçemleklər

étel
azıq

üveg
şeşə

gyorsétel	gyorsétel	teás kanna
fastfud	uram rizığı	çəygün

 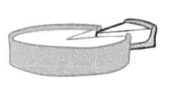 

cukortartó	adag	eszpresszógép
şikər sawıtı	salım	espresso maşini

bárszék	számla	tálca
biyek urındıq	xisap	töger

kés	villa	kanál
pıçaq	çəneçke	qaşıq

teáskanál	szalvéta	pohár
çəy qaşığı	tastımal	tustağan

étterem - restoran

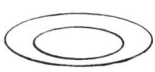  

tányér	leveses tányér	csészealj
tabaq	aş tabağı	cəypək

szósz	sószóró	borsőrlő
sous	toz sawıtı	borıç tegerməne

 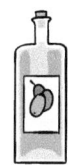 

ecet	étkezési olaj	fűszerek
serkə	sıyıq may	təmlətkeç

ketchup	mustár	majonéz
ketçup	xərdəl	mayonez

étterem - restoran

szupermarket
supermarket

- különleges ajánlat / maxsus təqdim
- ügyfél / satıp aluçılar
- tejtermék / süt eşlənmələrə
- bevásárló kocsi / kibet arbası
- gyümölcsök / cimeş

hentes
it kibete

pékség
ikməkxanə

nyom valamennyit
ülçəw

zöldség
yəşelçə

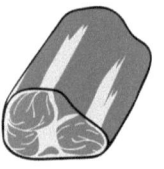

hús
it

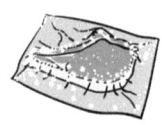

fagyasztott áru
tuñdırılğan aşamlıqlar

20   szupermarket - supermarket

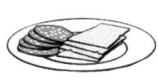

felvágott

suıq it

konzerv

kənsirləngən aşamlıq

mosópor

kir tuzı

édességek

şikərmələr

háztartási termék

öy eşlənmələrə

tisztítószerek

təmizlək eşlənmələrə

eladó

satuçı

pénztárgép

yazuçı kassa

eladó

kassir

bevásárló lista

satıp alu isemlege

nyitva tartás

eş waqıtı

levéltárca

qalta

hitelkártya

kredit kərte

zacskó

buqça

műanyag zacskó

plastik qapçıq

szupermarket - supermarket

italok
eçemleklər

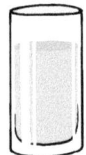  

víz	gyümölcslé	tej
su	sut	söt

kóla	bor	sör
kola	şərəb	sıra

alkohol	kakaó	tea
xəmer	kakao	çəy

kávé	eszpresszó	kapucsínó
qəhwə	espresso	kapuçino

étel
azıq

banán
banan

alma
alma

narancs
əflisun

sárgadinnye
qarbız

citrom
limon

sárgarépa
kişer

fokhagyma
sarımsaq

bambusz
bambu

hagyma
suğan

gomba
gömbə

magvak
çikləweklər

nokedli
toqmaç

étel - azıq

spagetti
spagetti

rizs
döge

saláta
salat

sült krumpli
çips

sült burgonya
qızdırılğan bərəñge

pizza
pitsa

hamburger
hamburger

szendvics
sandwiç

hússzelet
kətlit

sonka
ветчина

szalámi
salami

kolbász
sosis

csirke
tawıq ite

pecsenye
qızdırma

hal
balıq

étel - azıq

zabkása
solı izməse

müzli
müsli

kukoricapehely
məkkəy keterdege

liszt
on

croissant
kruassan

zsemle
ipi tügərəge

kenyér
ikmək

pirítós kenyér
tost

keksz
kətərməç

vaj
may

túró
eremçek

sütemény
kəyk

tojás
yomırqa

tükörtojás
təbə

sajt
pəynir

étel - azıq

jégkrém	cukor	méz
tuñdırma	şikər	bal

lekvár	mogyorókrém	curry
qaynatma	şokolad izməse	karri

gazdálkodás
çeftlek

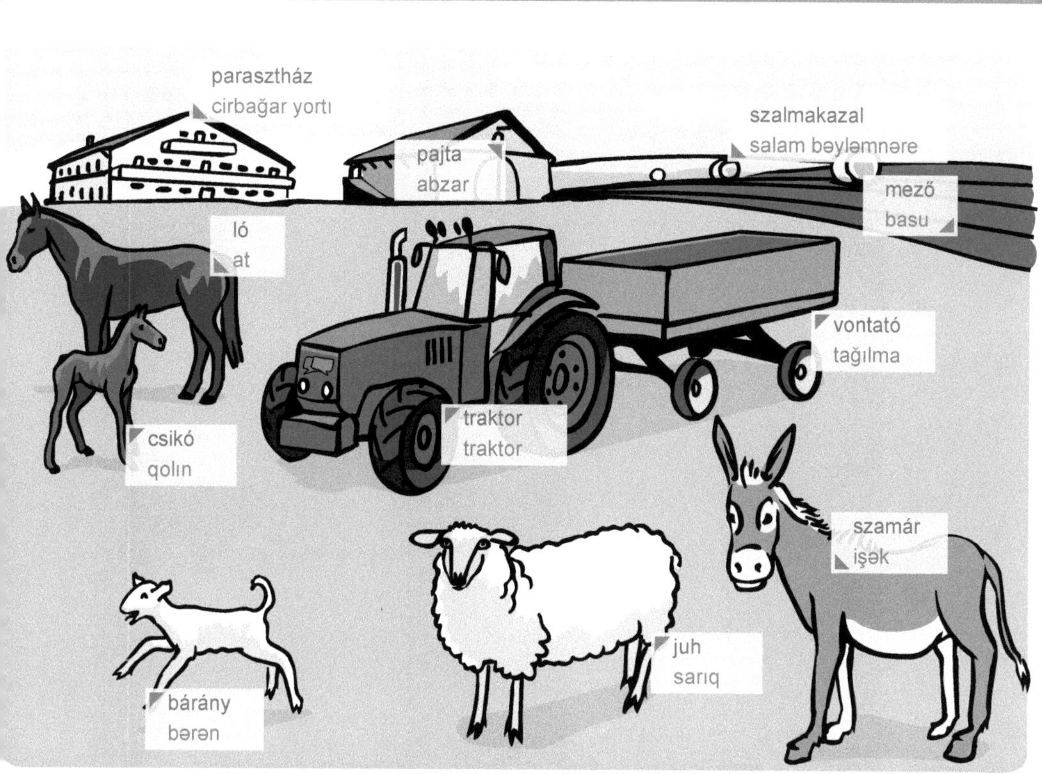

parasztház
cirbağar yortı

pajta
abzar

szalmakazal
salam bəylərməre

ló
at

mező
basu

vontató
tağılma

csikó
qolın

traktor
traktor

szamár
işək

bárány
bərən

juh
sarıq

kecske
kəcə

tehén
sıyır

borjú
bozaw

malac
duñğız

kismalac
duñğız balası

bika
ügez

liba
qaz

kacsa
ürdək

csibe
çebi

tojó
tawıq

kakas
ətəç

patkány
küse

macska
pesi

egér
tıçqan

ökör
eş ügeze

kutya
et

kutyaház
et oyası

kerti öntözőcső
baqça xortumı

öntözőkanna
susipkeç

kasza
çalğı

eke
saban

gazdálkodás - çeftlek

sarló
uraq

kapa
kitmən

vasvilla
sənək

fejsze
balta

talicska
qul arbası

teknő
tağaraq

tejes kancsó
söt çiləge

zsák
qapçıq

kerítés
qoyma

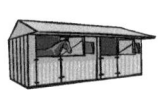
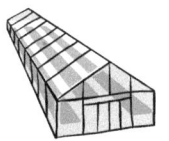

istálló
abzar

üvegház
essexanə

talaj
tufraq

vetőmag
orlıq

trágya
aşlama

cséplőgép
kombayn

gazdálkodás - çeftlek

szüretelni
uñış cıyarğa

betakarítás
uñış

yamgyökér
yam

búza
boday

szója
soya

burgonya
bərəñge

kukorica
məkkəy

repcemag
raps

gyümölcsfa
cimeş ağaçı

manióka
manyok

gabona
börtekleler

ház
yort

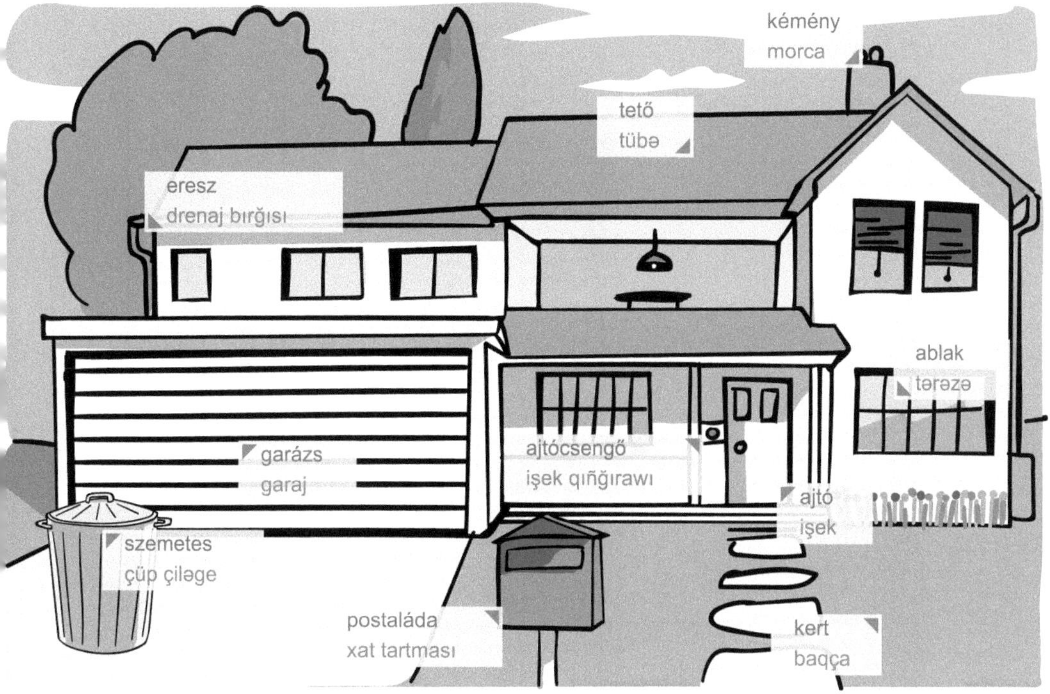

kémény
morca

tető
tübə

eresz
drenaj bırğısı

ablak
tərəzə

garázs
garaj

ajtócsengő
işek qıñğırawı

ajtó
işek

szemetes
çüp çiləge

postaláda
xat tartması

kert
baqça

nappali
qunaq bülməse

fürdőszoba
yuınu bülməse

konyha
aş bülməse

hálószoba
yataq bülməse

gyerekszoba
bala bülməse

ebédlő
aş bülməse

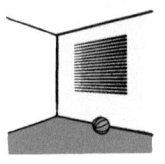
padló
idän

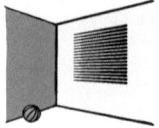
fal
diwar

plafon
tüşəm

pince
tülə

szauna
sawna

erkély
balkon

terasz
teras

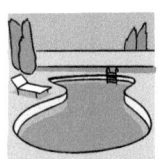
medence
xəwez

fűnyíró
çirəmçapqıç

lepedő
cəymə

ágytakaró
yataq yapması

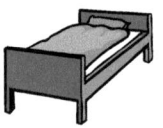
ágy
yataq

seprű
seberke

vödör
çilək

kapcsoló
özgeç

ház - yort

nappali
qunaq bülməse

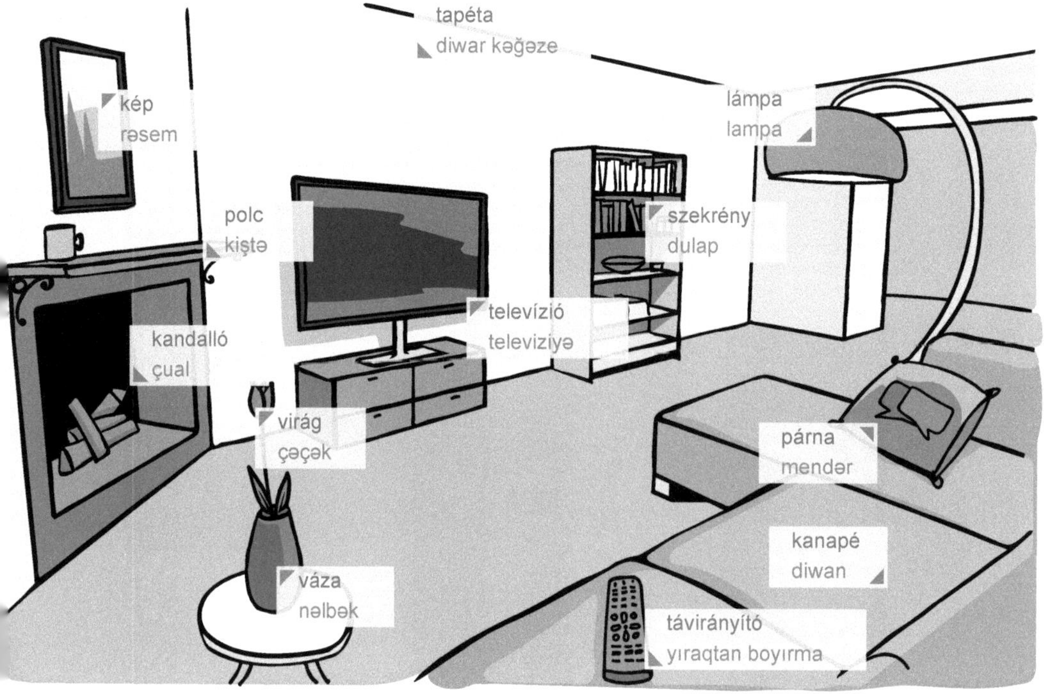

- tapéta / diwar kəğəze
- kép / rəsem
- lámpa / lampa
- polc / kiştə
- szekrény / dulap
- kandalló / cual
- televízió / televiziyə
- virág / çəçək
- párna / mendər
- kanapé / diwan
- váza / nəlbək
- távirányító / yıraqtan boyırma

szőnyeg
keləm

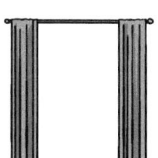

függöny
pərdə

asztal
östəl

szék
urındıq

hintaszék
tirbəlmə urındıq

karosszék
kənəfi

| könyv | takaró | dekoráció |
| kitap | yapma | dekor |

| tűzifa | film | hifi |
| utın | film | hi-fi |

| kulcs | újság | festmény |
| açqıç | gəcit | sürət |

| poszter | rádió | jegyzetfüzet |
| poster | radio | quyın dəftərə |

| porszívó | kaktusz | gyertya |
| tuzansuırğıç | kaktus | şəm |

konyha
aş bülməse

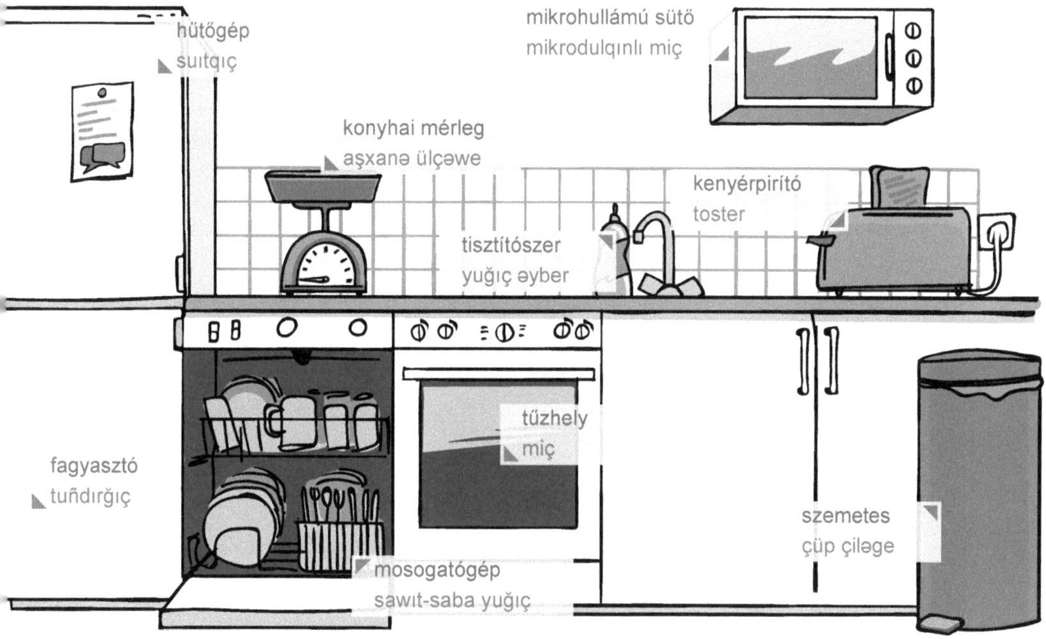

hűtőgép
suıtqıç

mikrohullámú sütö
mikrodulqınlı miç

konyhai mérleg
aşxanə ülçəwe

kenyérpirító
toster

tisztítószer
yuğıç əyber

tűzhely
miç

fagyasztó
tuñdırğıç

szemetes
çüp çiləge

mosogatógép
sawıt-saba yuğıç

tűzhely
əwsək

edény
sağan

vasfazék
çuyın sağan

wok / kadai
wok

serpenyö
taba

vízforraló
çəygün

konyha - aş bülməse

pároló
bulı peşergeç

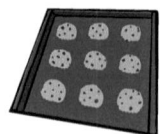

tepsi
qalay

étkészlet
sawıt-saba

bögre
təgəç

tálka
kəsə

evőpálcika
aşaw tayaqçıqları

merőkanál
ucaw

keverőlapátka
spatula

habverő
tuğlağıç

szűrő
sözgeç

szita
ilək

reszelő
qırğıç

mozsár
kile

grillsütő
barbekü

kandalló
açıq uçaq

konyha - aş bülməse

vágódeszka
taqta

sodrófa
uqlaw

dugóhúzó
böke suırğıç

doboz
metal tartma

konzervnyitó
kənsir açqıç

edényfogó
miç biyələye

mosogató
kirşən

kefe
fırça

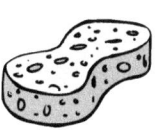

szivacs
bolıt

turmixgép
blender

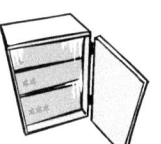

mélyhűtö
tirən tuñdırğıç

cumisüveg
imezlekle şeşə

csap
çömək

konyha - aş bülməse

fürdőszoba
yuınu bülməsi

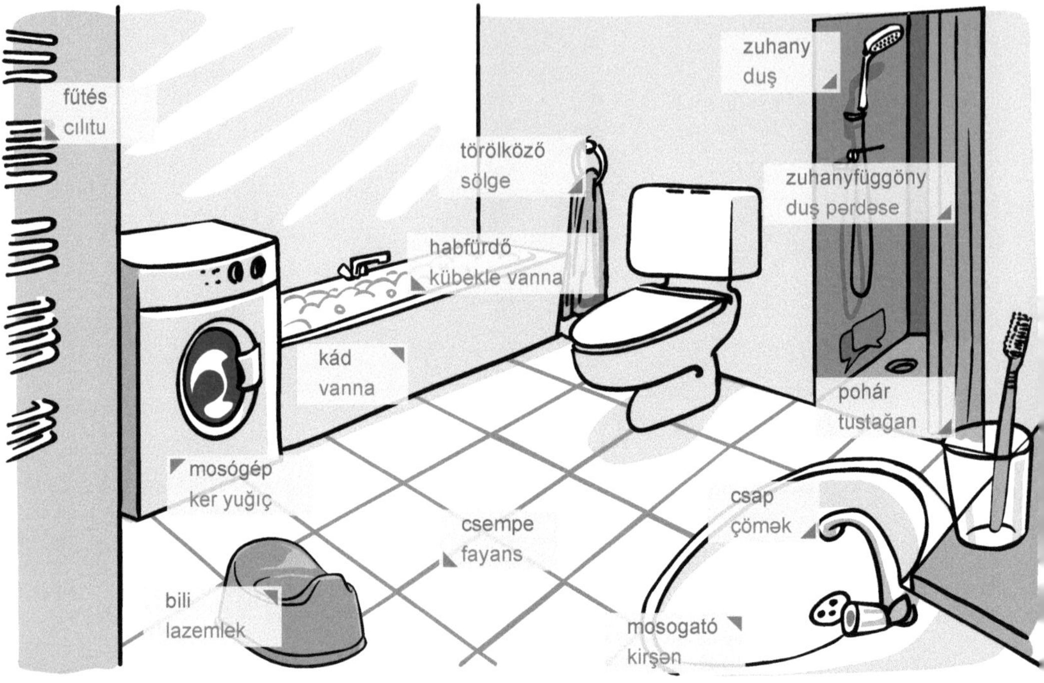

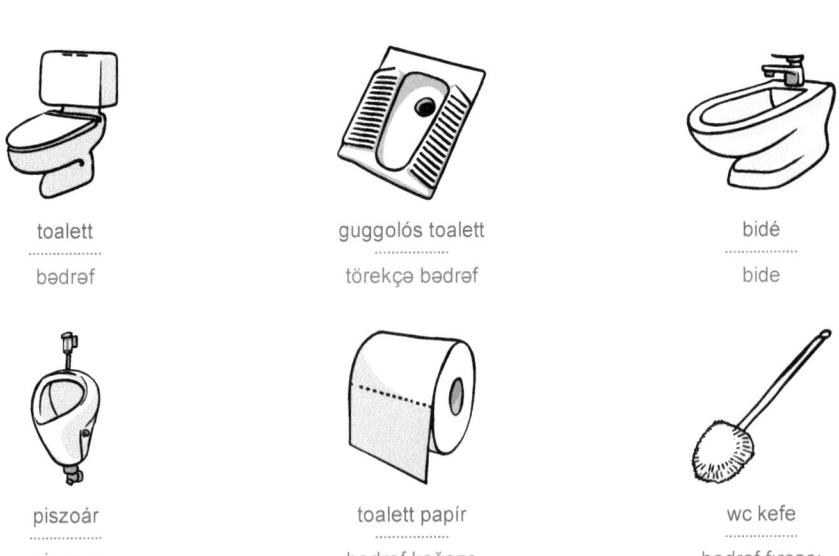

toalett	guggolós toalett	bidé
bədrəf	törekçə bədrəf	bide
piszoár	toalett papír	wc kefe
pissuar	bədrəf kəğəze	bədrəf fırçası

fogkefe
teş fırçası

fogkrém
teş məğcüne

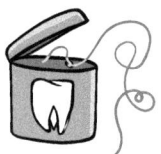

fogselyem
teş cebe

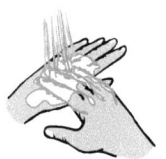

mosni
yuarğa

kézi zuhany
duş başlığı

intimzuhany
duş

mosdótál
kirşən

hátmosó kefe
arqa fırçası

szappan
sabın

tusfürdő
duş señəle

sampon
şampun

mosdókesztyü
munçala

lefolyó
ağım

krém
krem

dezodor
dezodorant

fürdőszoba - yuınu bülməse

tükör
közge

kézitükör
qul közgese

borotva
östərə

borotvahab
qırınu kübege

borotválkozás utáni arcszesz
qırınu losyonı

fésü
taraq

hajkefe
fırça

hajszárító
fön

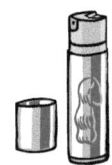

hajlakk
çəç sprəye

smink
makiyaj

ajakrúzs
iren innege

körömlakk
tırnaq cələse

vatta
mamıq

körömvágó olló
tırnaq qayçısı

parfüm
xuşbuy

fürdőszoba - yuınu bülməse

neszesszer · sámli · mérleg
makiyaj buqçası · utırğıç · ülçəw

köntös · gumikesztyű · tampon
çoba · rezin iləsə · tampon

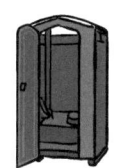

egészségügyi betét · vegyi WC
higiyenik pəd · kimiyəwi bədrəf

fürdőszoba - yuınu bülməse

gyerekszoba
bala bülməse

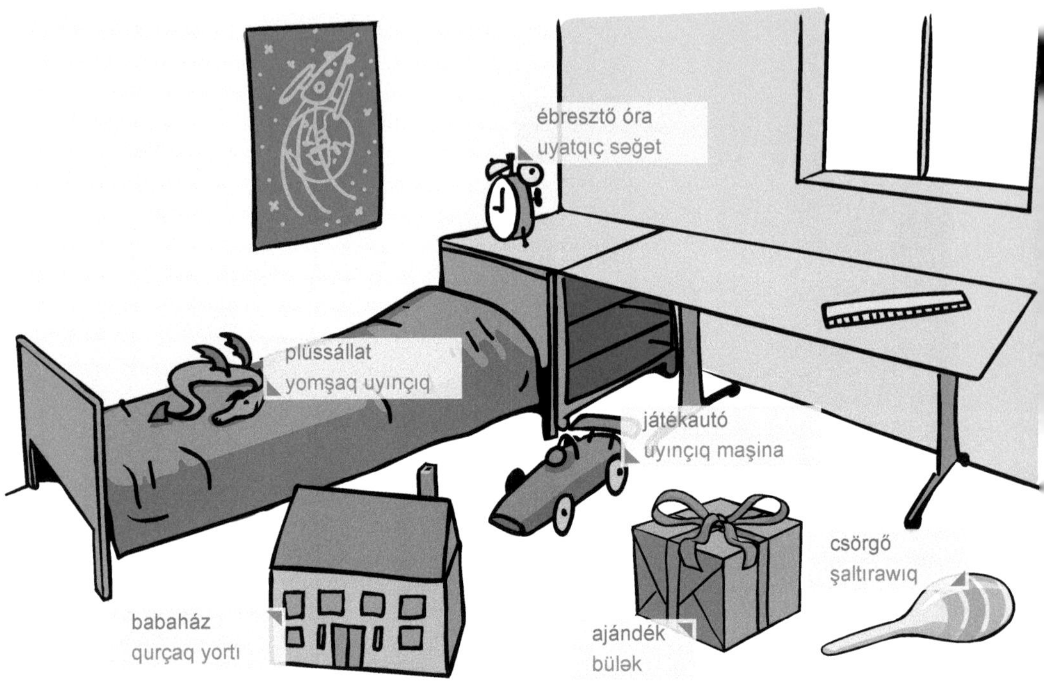

ébresztő óra
uyatqıç səğət

plüssállat
yomşaq uyınçıq

játékautó
uyınçıq maşina

babaház
qurçaq yortı

ajándék
bülək

csörgő
şaltırawıq

lufi
hawa şarı

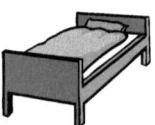

ágy
yataq

babakocsi
bəbi arbası

kártyapakli
kərt dəstəsə

kirakós játék
pazl

képregény
komiks

építőkockák
lego kirpeçlərə

építőelem
şaqmaqlar

szuperhős
uyın sınçığı

rugdalózó
zıbın

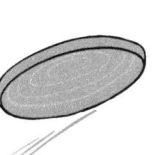
frizbi
frisbi

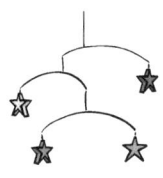
zenélő forgó
mobil

társasjáték
östəl uyını

kocka
uyın taşı

modellvasút
trən modele cıyılması

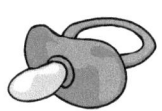
cumi
imezlek

zsúr
kiçə

képeskönyv
rəsemle kitap

labda
tup

baba
qurçaq

játszani
uynarğa

gyerekszoba - bala bülməse

homokozó
qomlıq

hinta
tağan

játékok
uyınçıqlar

videójáték konzol
uyın quşması

tricikli
öç köpçəkle səpid

teddi maci
uyınçıq ayu

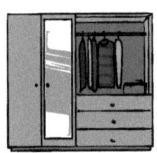
ruhásszekrény
kiyem dulabı

ruházat
kiyem

zokni
oyıqbaş

harisnya
oyıq

harisnyanadrág
oyığıştan

body
bodi

nadrág
çalbar

farmer
jins

szoknya
itək

blúz
bluz

ing
külmək

pulóver
sviter

kapucnis pulóver
hudi

blézer
bleyzer

dzseki
jaket

kabát
bişmət

esőkabát
yañğırlıq

kosztüm
kəçtüm

ruha
külmək

esküvői ruha
tuy külməge

ruházat - kiyem

öltöny	hálóing	pizsama
taqım kiyem	tönge külmək	pijama

szári	fejkendő	turbán
sari	yawlıq	çalma

burka	kaftán	abaya
burqa	çapan	abaya

fürdőruha	fürdőnadrág	rövidnadrág
qoyınu kiyeme	yözü tənbanı	şort

tréningruha	kötény	kesztyű
sport kiyeme	alyapqıç	iləsə

ruházat - kiyem

gomb
töymə

szemüveg
küzlek

karkötő
beləzek

nyaklánc
muyınsa

gyűrű
baldaq

fülbevaló
alqa

sapka
kəpəç

vállfa
elgeç

kalap
eşləpə

nyakkendő
muyınbaw

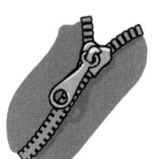

cipzár
zıncır

bukósisak
oçlam

nadrágtartó
çalbar asması

iskolai egyenruha
məktəp forması

egyenruha
forma

ruházat - kiyem

előke	cumi	pelenka
balalar kükrəkçəse	imezlek	küzələ

iroda
ofis

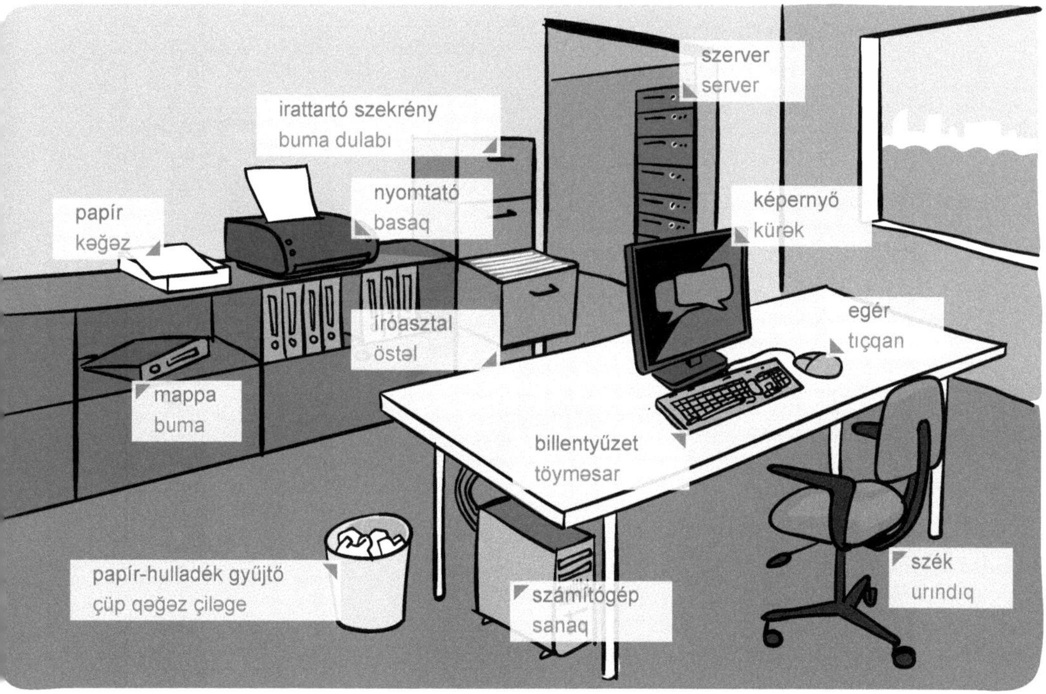

- szerver / server
- irattartó szekrény / buma dulabı
- papír / kəğəz
- nyomtató / basaq
- képernyő / kürək
- íróasztal / östəl
- egér / tıçqan
- mappa / buma
- billentyűzet / töyməsar
- papír-hulladék gyűjtő / çüp qəğəz çiləge
- számítógép / sanaq
- szék / urındıq

kávéscsésze	számológép	internet
qəhwə təgəçe	sansanar	internet

laptop
ləptop

levél
xat

üzenet
xəbər

mobiltelefon
kesə telefonı

hálózat
çeltər

fénymásoló
fotokopyaçı

szoftver
program təminatı

telefon
telefon

konnektor
ayırğıç

faxgép
faks

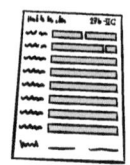
formanyomtatvány
form

dokumentum
dokument

iroda - ofis

gazdaság
iqtisad

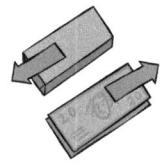
venni
satıp alırğa

fizetni
tülərgə

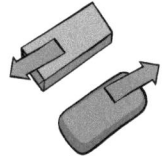
kereskedni
səwdə itərgə

pénz
aqça

dollár
dollar

euró
euro

jen
yen

rubel
sum

svájci frank
frank

kínai jüan
yuan

rúpia
rupi

bankautomata
bankomat

gazdaság - iqtisad

valutaváltó iroda	arany	ezüst
valüta bürosı	altın	kömeş

olaj	energia	ár
qaramay	energiyə	bəyə

  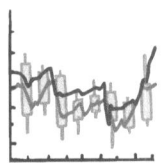

szerződés	adó	részvény
kontrakt	salım	stok

dolgozni	munkavállaló	munkaadó
eşlərgə	eşçe	eş birüçe

gyár	üzlet
fabrika	kibet

gazdaság - iqtisad

foglalkozások
hönərlər

rendőr
polisə xezmətkəre

tűzoltó
yanğın sünderüçe

szakács
aşçı

orvos
tabib

pilóta
oçuçı

kertész
baqçaçı

kárpitos
ağaç ostası

varrónő
tegüçe

bíró
xökemçe

vegyész
kimiyəçe

színész
aktor

buszsofőr
awtobus yörtüçe

taxisofőr
taksiçe

halász
balıqçı

bejárónő
cıyıştıruçı xatın

tetőfedő
tübə yabuçı

pincér
tabınçı

vadász
awçı

festő
rəssam

pék
ikməkçe

villanyszerelő
elektrçı

építőmunkás
tözüçe

mérnök
möhəndis

hentes
itçe

vízvezeték-szerelő
çöməkçe

postás
yamılçı

foglalkozások - hönərlər

katona

ğəskəri

építész

miğmar

eladó

kassir

virágos

çəçəkçe

fodrász

çəçtaraş

kalauz

konduktor

műszerész

mekanik

kapitány

kapitan

fogorvos

teş tabibı

tudós

ğalim

rabbi

rabbi

imám

imam

szerzetes

kəşiş

lelkész

ruxani

foglalkozások - hönərlər

szerszámok
alətlər

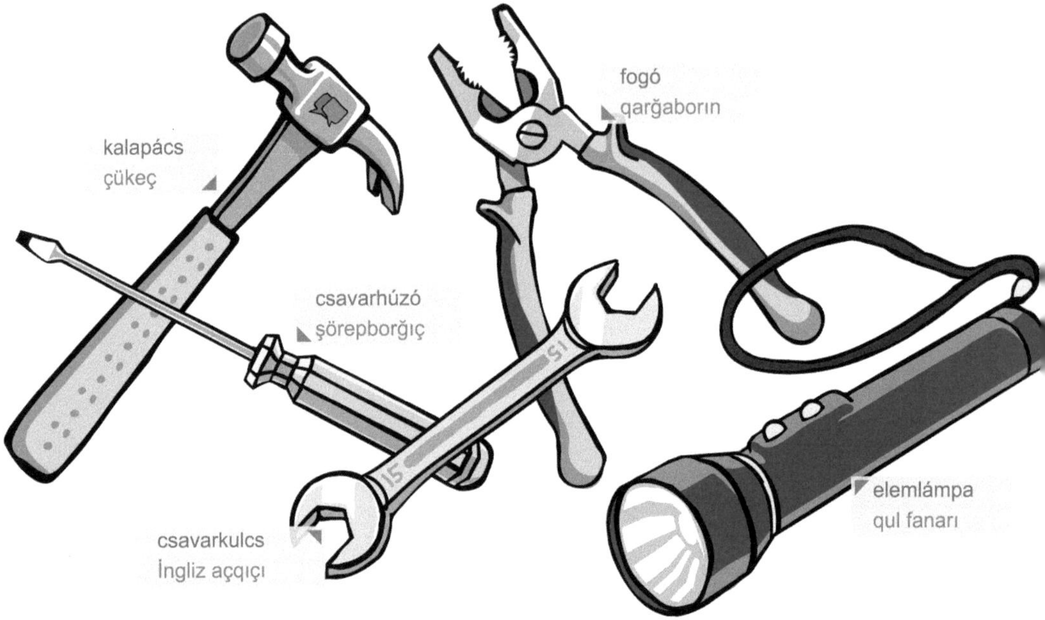

kalapács
çükeç

fogó
qarğaborın

csavarhúzó
şörepborğıç

csavarkulcs
İngliz açqıçı

elemlámpa
qul fanarı

markológép

qazu maşinası

szerszámosláda

ələt buqçası

vödör

basqıç

fűrész

pıçqı

szög

qadaqlar

fúrógép

dril

megjavítani
tözətergə

lapát
körək

A francba!
Şaytan alğırı!

szemétlapát
sosqı

festékesdoboz
buyaw sawıtı

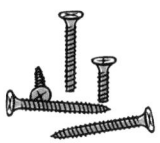
csavar
mıqlar

hangszerek
muzıka alətlərе

dobfelszerelés
dawılbaz taqımı

hangszóró
tawış köçəytkeç

gitár
gitar

nagybőgő
kontrabas

trombita
bırğı

zongora
piano

hegedű
kəmən

basszusgitár
bas gitar

üstdob
timpani

dobok
dawılbaz

digitális zongora
töyməsar

szaxofon
saksofon

fuvola
flüt

mikrofon
mikrofon

hangszerek - muzıka alətlərə

állatkert
xaywan baqçası

- tigris / yulbarıs
- bejárat / kerü
- kalitka / çitlek
- zebra / zebra
- állateledel / terlek azığı
- panda / panda

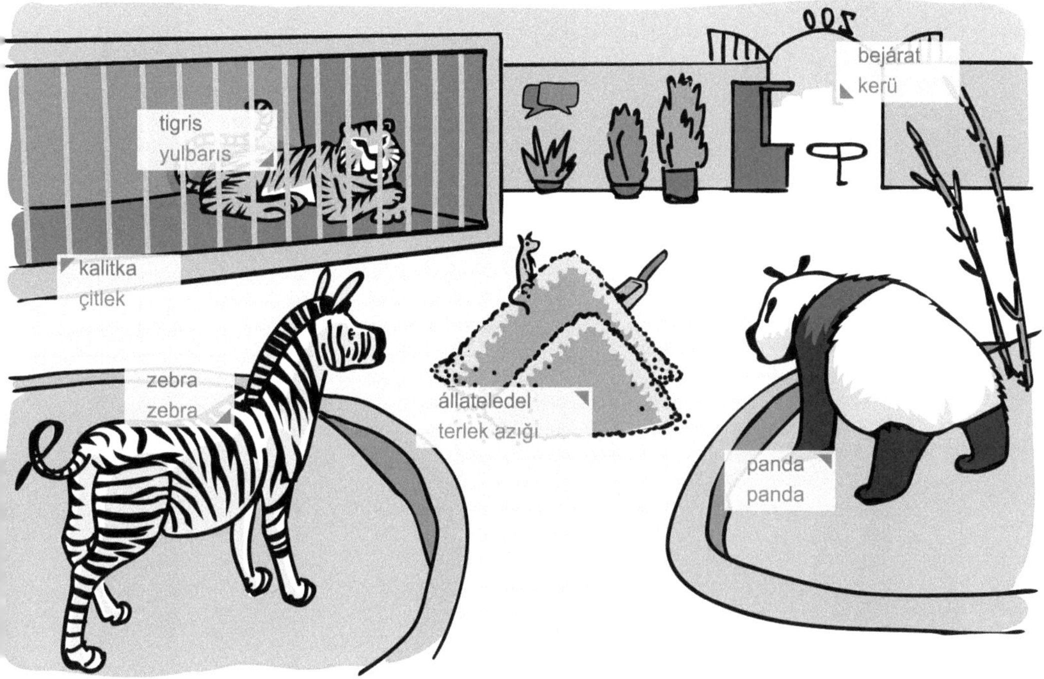

állatok
xaywannar

elefánt
fil

kenguru
köngerə

orrszarvú
kərkədən

gorilla
gorilla

medve
ayu

állatkert - xaywan baqçası

teve
döyə

strucc
təwə qoşı

oroszlán
arıslan

majom
maymıl

flamingó
flamingo

papagáj
tutıy qoş

jegesmedve
aq ayu

pingvin
pingwin

cápa
küpek balığı

páva
tawis

kígyó
yılan

krokodil
timsax

állatgondozó
xaywan baqçası xezmətkəre

fóka
suete

jaguár
yaguar

póniló	leopárd	víziló
poni	qaplan	su ayğırı

zsiráf	sas	vaddisznó
zörəfə	börket	qaban duñğızı

hal	teknős	rozmár
balıq	taşbaqa	morşa

róka	gazella
tölke	ğəzəl

állatkert - xaywan baqçası

sportok
sport törləre

tevékenységek
itkenleklər

birtokolni
iyə bulırğa

csinálni
eşlərgə

lenni
bulırğa

állni
basıp torırğa

futni
yögerergə

húzni
tartırğa

hajít
taşlarğa

esni
yığılırğa

hazudni
yatarğa

várni
kötərgə

vinni
taşırğa

ülni
utırırğa

felvenni
kiyenergə

aludni
yoqlarğa

felébredni
uyanırğa

tevékenységek - itkenleklər

ránézni
qararğa

sírni
yılarğa

simogat
sıyparğa

fésülni
tararğa

beszélni
söyləşergə

megérteni
añlarğa

kérdezni
sorarğa

hallgatni
tıñlarğa

inni
eçərgə

enni
aşarğa

takarítani
cıyıştırınırğa

szeretni
söyərgə

főzni
peşerergä

vezetni
sörergə

szállni
oçarğa

tevékenységek - itkenleklər

vitorlázni
diñgezgə açılu

számol
isəpləw

olvasni
uqırğa

tanulni
öyrənergə

dolgozni
eşlərgə

házasodni
öylənergə

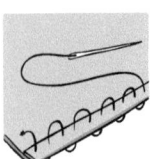

varrni
tegərgə

fogat mosni
teş fırçalarğa

ölni
üterergə

dohányozni
təməke tartırğa

küldeni
cibərergə

tevékenységek - itkenleklər

család
ğailə

nagymama / əbi
nagypapa / babay
apa / ata
anya / ana
kisbaba / sabıy
lány / qız
fiú / ul

vendég
qunaq

nagynéni
apa

nagybácsi
abıy

fiútestvér
abıy / ene

lánytestvér
apa / señel

test
tən

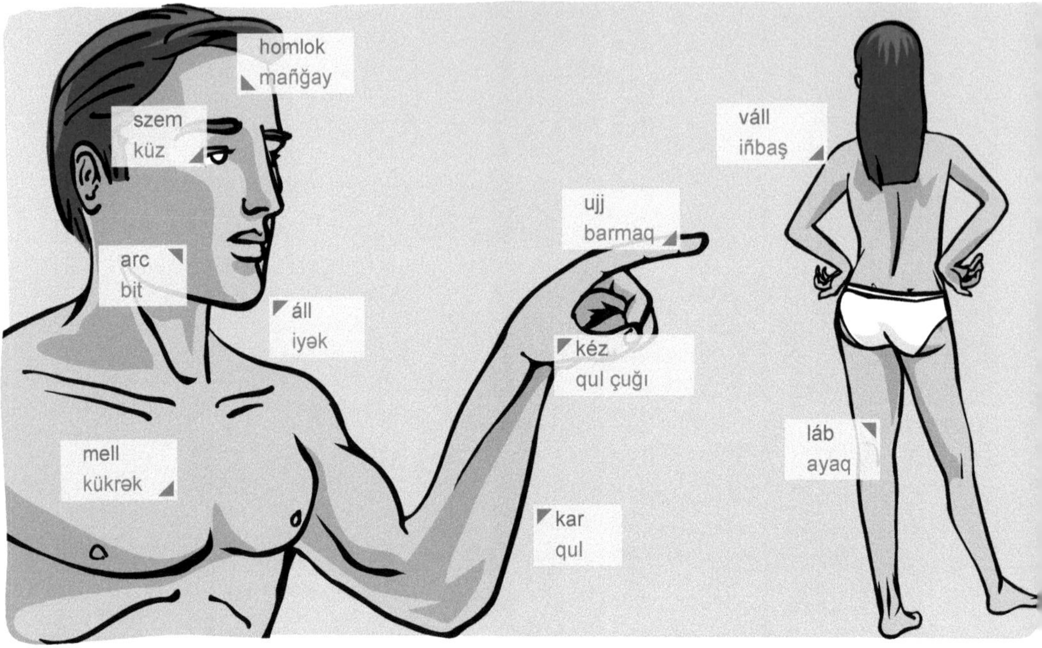

- homlok / mañğay
- szem / küz
- arc / bit
- áll / iyək
- mell / kükrək
- ujj barmaq
- kéz qul çuğı
- kar qul
- váll / iñbaş
- láb / ayaq

kisbaba
sabıy

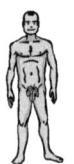

ember
ir

nő
xatın

lány
qız

fiú
malay

fej
baş

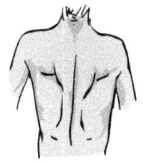

hát
arqa

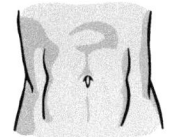

has
eç

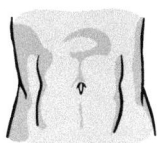

köldök
kendek

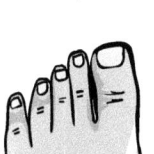

lábujj
ayaq barmağı

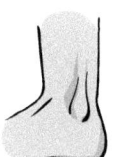

sarok
ükçə

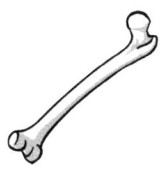

csont
söyək

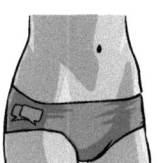

csípő
bot

térd
tez

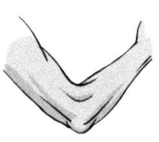

könyök
tersək

orr
borın

fenék
art san

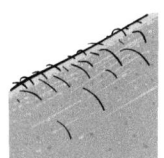

bör
tire

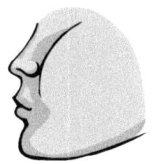

orca
yañaq

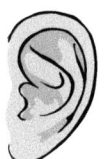

fül
qolaq

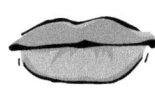

ajak
iren

száj
awız

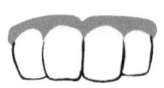

fog
teş

nyelv
tel

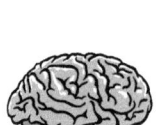

agy
mi

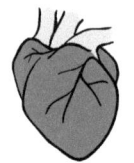

szív
yörək

izom
ğəzlə

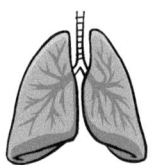

tüdő
üpkə

máj
bawır

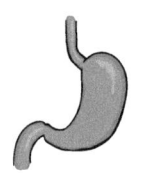

gyomor
aşqazanı

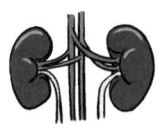

vese
böyerlər

szex
seks

kondom
prezervativ

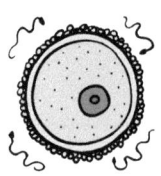

petesejt
kükəy küzənək

sperma
məni

terhesség
kömən

test - tən

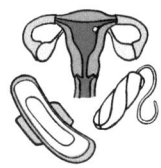
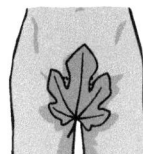
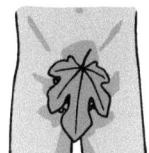

menstruáció — kürem

vagina — vagina

pénisz — penis

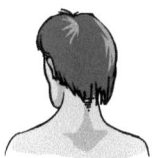

szemöldök — qaş

haj — çəçlər

nyak — muyın

kórház
xastaxanə

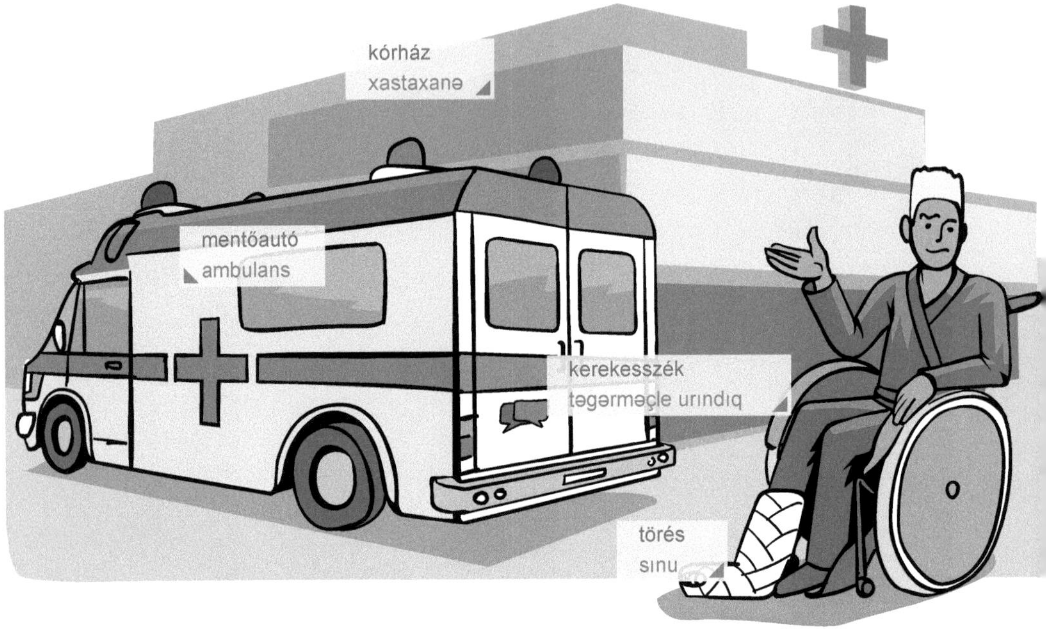

- kórház / xastaxanə
- mentőautó / ambulans
- kerekesszék / təgərməcle urındıq
- törés / sınu

orvos
tabib

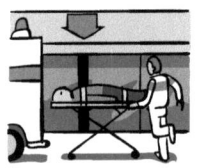
sürgősségi osztály
aşığıç yərdəm bülməse

ápoló
şəfqət tutaşı

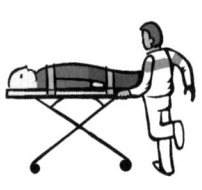
vészhelyzet
kiçektergesez xəl

eszméletlen
añsız

fájdalom
awırtu

sérülés
cərəxətlənü

vérzés
qan ağu

szívroham
infarkt

szélütés
insult

allergia
allergiyə

köhögés
yütəl

láz
qızu

influenza
grip

hasmenés
eç kitü

fejfájás
baş awırtu

rák
yaman şeş

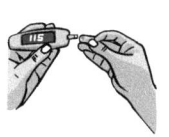
cukorbetegség
diabet

sebész
xirurg

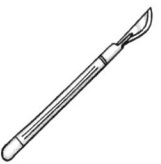
szike
skalpel

műtét
ğəməliyət

kórház - xastaxanə

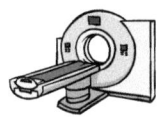
CT
ST

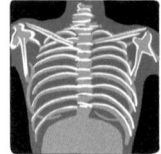
röntgen
röntgen

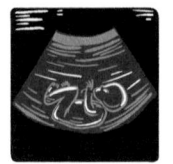
ultrahang
ultratawış

arcmaszk
bitlek

betegség
awıru

váróterem
kötü bülməse

mankó
qultıq tayağı

sebtapasz
plaster

kötszer
bəyləweç

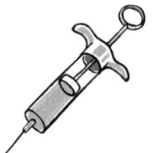
injekció
qadaw

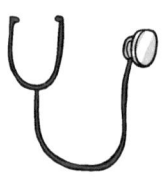
sztetoszkóp
stetoskop

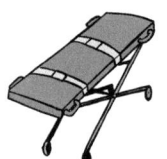
hordágy
sədiyə

klinikai hőmérő
klinik termometr

születés
tuu

túlsúly
artıq awırlıq

kórház - xastaxanə

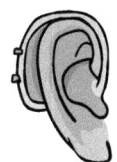
hallókészülék
işetü cihazı

fertőtlenítőszer
dezinfektant

fertőzés
yoğış

vírus
virus

HIV/AIDS
KİV / BİDS

orvosság
daru

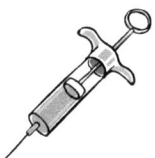
oltás
vaksinalanu

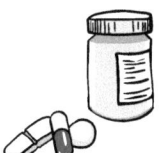
tabletták
tabletlər

tabletta
kontraseptiv tablet

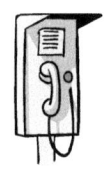
sürgősségi hívás
aşığıç çaqıru

vérnyomásmérő
qan basımı ülçəgeçe

betegség / egészség
awıru / sələmət

kórház - xastaxanə

vészhelyzet
kiçektergesez xəl

Segítség!
Qotqarığız!

riasztás
xəwef tawışı

rajtaütés
höcüm

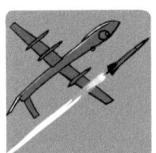
támadás
höcüm

veszély
qurqınıç

vészkijárat
aşığıç çığu

tűzoltókészülék
ut sündergeç

baleset
qaza

tűz!
Yanğın!

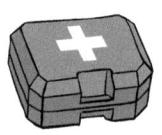
elsősegélycsomag
berençe yərdəm buqçası

SOS
SOS

rendörség
polisə

föld
Cir

Európa
Awrupa

Észak-Amerika
Tönyaq Amerika

Dél-Amerika
Könyaq Amerika

Afrika
Afrika

Ázsia
Asya

Ausztrália
Awstralya

Atlanti-óceán
Atlantik okean

Csendes-óceán
Tın okean

Indiai-óceán
Hind okeanı

Déli-óceán
Antarktik okean

Jeges-tenger
Arktik okean

Északi-sark
Tönyaq qotıp

Déli-sark
Könyaq qotıp

Antarktisz
Antarktika

föld
Cir

szárazföld
qorı cir

tenger
diñgez

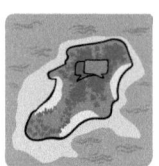

sziget
utraw

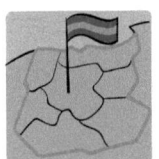

nemzet
millət

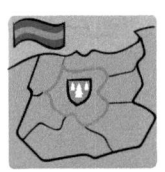

állam
dəwlət

óra
səğət

számlap
səğət bite

kismutató
səğət uğı

nagymutató
minut uğı

másodpercmutató
sekund uğı

Mennyi az idő?
Səğət niçə?

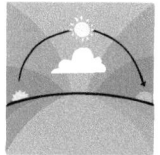

nap
kön

idő
waqıt

most
xəzer

digitális óra
dijital səğət

perc
minut

óra
səğət

hét
atna

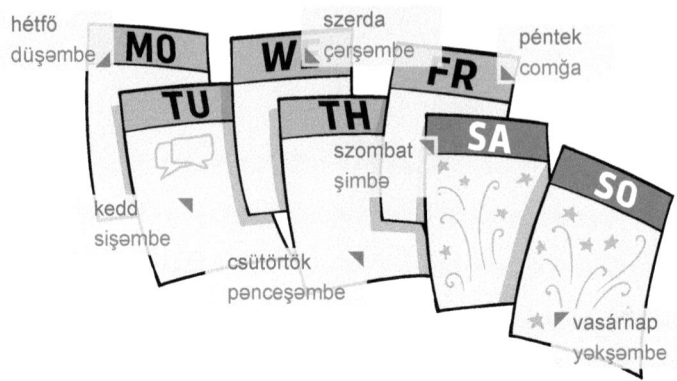

hétfő / düşəmbe — MO
kedd / sişəmbe — TU
szerda / çərşəmbe — W
csütörtök / pənceşəmbe — TH
péntek / comğa — FR
szombat / şimbə — SA
vasárnap / yekşəmbe — SO

tegnap
kiçə

ma
bügen

holnap
irtəgə

reggel
irtə

dél
töş

este
kiç

hétköznap
eş könnəre

hétvége
yal könnəre

év
yıl

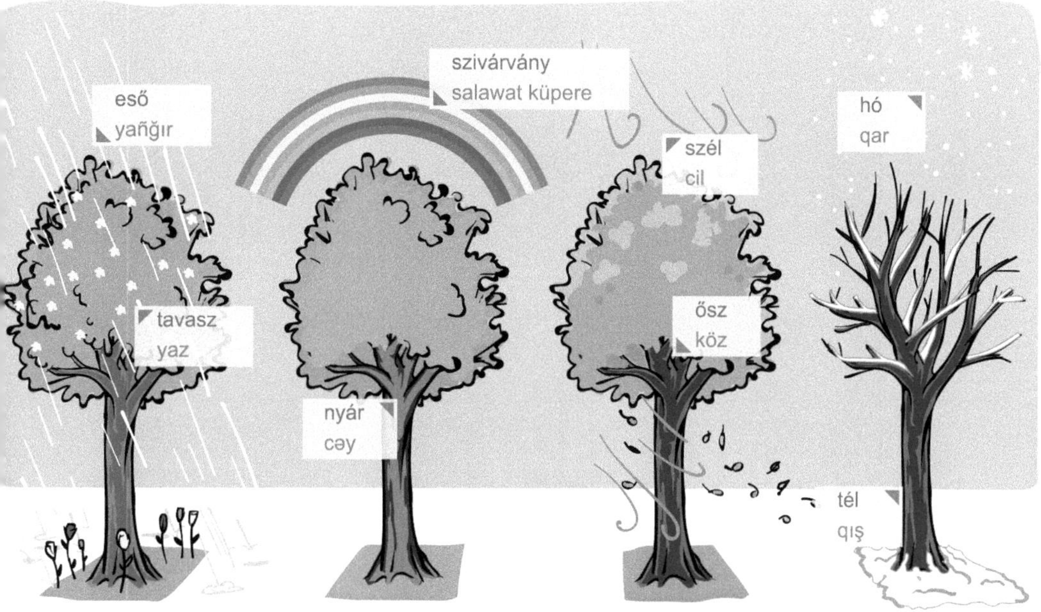

eső / yañğır

szivárvány / salawat küpere

hó / qar

szél / cil

tavasz / yaz

ősz / köz

nyár / cey

tél / qış

időjárás előrejelzés

hawa torışı

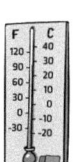

hőmérő

termometr

napsütés

qoyaş yaqtısı

felhő

bolıt

köd

toman

páratartalom

dımlılıq

villámlás
yəşen

mennydörgés
kük kükrəw

vihar
dawıl

jégeső
boz

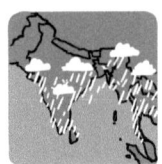

monszun
musson

áradás
su basu

jég
boz

január
Qırlaç

február
Aqman

március
Buşay

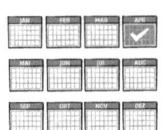

április
Yañarış

május
Saban

június
Çereşmə

július
Peçən

augusztus
Uraq

év - yıl

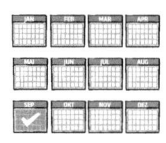
szeptember

Indır

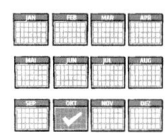
október

Bilek

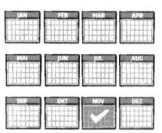
november

Qaraköz

december

Kerəw

alakzatok
şəkellər

kör

tügərək

négyzet

dürtkel

téglalap

turıpoçmaq

háromszög

öçpoçmaq

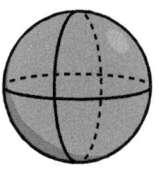
gömb

körrə

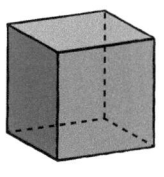
kocka

kub

színek
töslər

fehér — sárga — narancs
aq — sarı — qızğılt sarı

rózsaszín — piros — lila
al — qızıl — şəməxə

kék — zöld — barna
zəñgər — yəşel — körən

szürke — fekete
sorı — qara

ellentétek
qapma-qarşılıqlar

sok / kevés
küp / az

mérges / nyugodt
usal / tınıç

szép / csúnya
matur / yəmsez

kezdet / vég
baş / axır

nagy / kicsi
zur / keçkenə

világos / sötét
yaqtı / qarañğı

fivér / növér
abıy, ene / apa, señel

tiszta / koszos
taza / pıçraq

teljes / nem teljes
təmam / təmamlanmağan

nappal / éjszaka
kön / tön

halott / élő
üle / tere

széles / keskeny
kiñ / tar

ehető / nem ehető
aşarğa yaraqlı / aşarğa yaraqsız

gonosz / kedves
yaman / yaxşı

izgatott / unott
dulqınlanğan / yalıqqan

kövér / vékony
yuan / yabıq

első / utolsó
berençe / soñğı

barát / ellenség
dus / doşman

teli / üres
tulı / buş

kemény / puha
qatı / yomşaq

nehéz / könnyű
awır / ciñel

éhség / szomjúság
açlıq / susaw

betegség / egészség
awıru / sələmət

illegális / legális
qanunsız / qanunlı

intelligens / buta
aqıllı / aqılsız

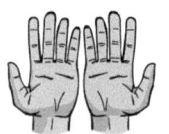

bal / jobb
sul / uñ

közel / távol
yaqın / yıraq

ellentétek - qapma-qarşılıqlar

új / használt
yaña / qullanılğan

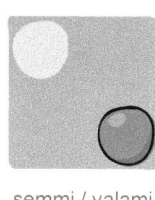

semmi / valami
hiçnərsə / nərsəder

idős / fiatal
ölkən / yəş

be / ki
qabızdırılğan / sünderelgən

nyitva / zárva
açıq / yabıq

csendes / hangos
tawışsız / göreltele

gazdag / szegény
bay / yarlı

helyes / helytelen
döres / yalğış

érdes / sima
qıtırşı / şoma

szomorú / vidám
küñelsez / küñelle

rövid / hosszú
qısqa / ozın

lassú / gyors
aqrın / tiz

nedves / száraz
dımlı / qorı

meleg / hideg
cılı / salqın

háború / béke
suğış / tınıçlıq

ellentétek - qapma-qarşılıqlar

számok
sannar

0
nulla
sıfır

1
egy
ber

2
kettő
ike

3
három
öç

4
négy
dürt

5
öt
biş

6
hat
altı

7
hét
cide

8
nyolc
sigez

9
kilenc
tuğız

10
tíz
un

11
tizenegy
unber

12 tizenkettő / unike

13 tizenhárom / unöç

14 tizennégy / undürt

15 tizenöt / unbiş

16 tizenhat / unaltı

17 tizenhét / uncide

18 tizennyolc / unsigez

19 tizenkilenc / untuğız

20 húsz / yegerme

100 száz / yöz

1.000 ezer / meñ

1.000.000 millió / million

számok - sannar

nyelvek
tellər

angol
inglizçə

amerikai angol
Amerika inglizçəse

mandarin kínai
Mandarin qıtayçası

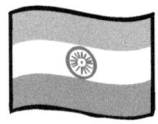

hindi
hindi

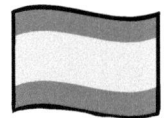

spanyol
İspança

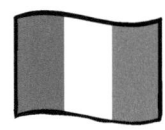

francia
Fransızça

arab
Ğərəpçə

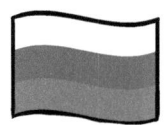

orosz
Rusça

portugál
Portugalça

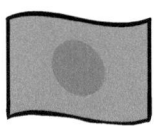

bengáli
Bengali

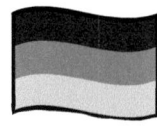

német
Almança

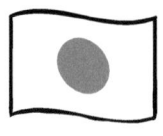

japán
Yaponça

ki / mi / hogyan
kem / nərsə / niçek

én
min

te
sin

ő
ul / ul / ul

mi
bez

ti
sez

ők
alar

ki?
kem?

mi?
nərsə?

hogyan?
niçek?

hol?
qayda?

mikor?
qayçan?

név
isem

hol
qayda

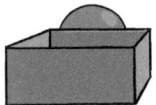

mögött
artta

benne
eçendə

előtte
aldında

felette
östendə

rajta
östendə

alatta
astında

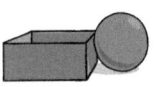

mellett
yanında

között
arasında

hely
urın